Aquí en mi vecindario

por H.L. Jiménez
ilustrado por Amy Loeffler

Scott Foresman
is an imprint of

Glenview, Illinois • Boston, Massachusetts • Chandler, Arizona
Upper Saddle River, New Jersey

Illustrations by Amy Loeffler

ISBN 13: 978-0-328-53304-6
ISBN 10:   0-328-53304-1

2 3 4 5 6 7 8 9 10 V0N4 13 12 11 10

Éste es mi vecindario.

¿Quién vive aquí?

Te lo voy a decir.

¿Quién vive en mi vecindario?

Esos niños y niñas viven aquí.

También son mis amigos.

¿Quién nos ayuda en mi vecindario?

Quique es un panadero maestro.

Aquí nos hace pan rico.

¿Quién nos ayuda en mi vecindario?

Yo tomo el autobús por la mañana.

Doña Quina maneja bien el autobús.

¿Quién nos ayuda en mi vecindario?

La policía Raquel nos ayuda.

También nos cuida a todos.

Éste es mi vecindario.

Yo también vivo aquí.

Soy parte de mi vecindario.